DISCUSSION

DU RAPPORT

DE P. J. AUDOUIN,

SUR LES PÈRES ET MÈRES D'ÉMIGRÉS,

DISCUSSION

DU RAPPORT

DE P. J. AUDOUIN,

SUR LES PÈRES ET MÈRES D'ÉMIGRÉS.

Lu au Conseil des cinq cents, le 28 ventose de l'an 4.

Par A. MORELLET.

A PARIS,

CHEZ DU PONT, IMPRIMEUR-LIBRAIRE,

rue de la Loi, N.º 1232.

———————————

AN IV DE LA RÉPUBLIQUE.

DISCUSSION

DU RAPPORT

DE P. J. AUDOUIN,

SUR LES PÈRES ET MÈRES D'ÉMIGRÉS,

Lu au Conseil des cinq cents le 28 ventose de l'an 4.

LA question que je vais continuer de traiter ici intéressse trop de personnes et occupe trop le public, pour que j'aye besoin d'expliquer à mes lecteurs de quoi il s'agit. On sait qu'une résolution du conseil des cinq cents qui levoit la suspension de la loi du 9 floréal, et remettoit ce te loi à exécution, ayant été portée au conseil des anciens, y a été rejettée après une longue et profonde discussion. On n'ignore pas que peu de jours après ce refus, le conseil des cinq cents ayant nommé une commission pour lui faire un rapport sur la justice et les inconvéniens de la loi, ce rapport a été fait le 28 ventose dernier, et que son résultat est de ramener cette même loi du 9 floréal.

Le rapporteur Audouin est le troisième antagoniste des pères et mères d'émigrés aux-

A

quels j'aurai eu affaire. A la suite de Chazal et de Pons de Verdun, Audouin les attaque avec les mêmes armes ; qu'il manie avec encore moins d'adresse. Ce sont les mêmes paralogismes cent fois réfutés, et les mêmes déclamations désormais appréciées par tous les esprits droits ; de sorte qu'il faut à ce nouveau champion de la loi du 9 floréal un plus grand courage encore qu'à ses devanciers dans la même lice, celui de heurter de front une conviction générale des esprits contre la cause qu'il soutient, et un sentiment universel d'intérêt pour ceux contre lesquels il dirige ses coups.

Avant l'impression du rapport, j'avois appris d'observateurs attentifs de ce qui se passe dans les assemblées du corps législatif, qu'Audouin avoit été entendu non-seulement avec peu de faveur, mais avec quelque dégoût ; et après l'avoir lu, j'ai reconnu qu'il étoit difficile qu'il éprouvât un autre accueil.

Ce discours est sans plan et sans suite ; on ne sait jamais d'où l'on vient et où l'on va ; les contradictions y abondent. L'auteur annonce qu'il se gardera bien de dire ce qu'il dit tout de suite après ; qu'il n'emploiera pas tel argument dont il s'appuie dans la même page ; qu'il ne se laissera pas aller à telle injustice qu'il approuve au moment même. Joignez à cela des figures et des tournures oratoires digne d'un écolier, l'impropriété des expressions, un défaut absolu d'ordre et de liaison entre les parties du discours : telle est l'idée que je crois pouvoir donner de ce rapport dans lequel, en 20 pages de très-petit caractère, tout ce qu'on entend très-clairement est l'acharnement du rapporteur contre les pères et mères d'émigrés, et son obstination à ramener la loi du 9 floréal.

D'après l'idée que je donne ici du rapport d'Audouin, quelques personnes me demanderont peut-être pourquoi prenez-vous la peine de le réfuter.

Je réponds que ce n'est pas pour combattre des argumens sans force et sans effet, qui ne sont nullement à craindre, mais pour acquérir à la cause que je défends l'avantage de n'avoir pu être attaquée que par de foibles adversaires. Il me semble qu'en voyant, après Chazal et Pons de Verdun un ennemi moins redoutable encore que ses devanciers, il demeurera prouvé que cette cause n'a pu être soutenue que par de mauvais raisonnemens, et que cette observation tournera au profit de mes cliens. Trois commissions formées, et trois rapports faits successivement, dont aucun ne peut soutenir l'examen, sont un grand préjugé en faveur de la cause que je soutiens.

Quoiqu'il soit horriblement ennuyeux de réfuter un écrit qui est au-dessous de toute réfutation, de se traîner encore sur les mêmes traces, d'analyser dix fois les mêmes sophismes, et qu'il soit sur-tout bien douloureux de retrouver en son chemin la même déraison et la même injustice, j'ai embrassé jusqu'ici avec trop de suite et d'intérêt la cause de tant de familles malheureuses, pour ne pas les défendre encore contre ces dernières attaques. Si mes efforts n'étoient pas suivis du succès qui me paroît désormais plus que vraisemblable, j'aurai du moins mérité, par la constance de mon travail et par le but que je me suis proposé, quelqu'estime des gens de bien, et quelque reconnoissance de la part de ceux que j'ai voulu servir.

Avant d'entrer en matière, je me permettrai une observation sur le choix des membres de la commission qui a produit le rapport que je me propose de combattre.

Ces commissaires sont Pons de Verdun, auteur du second rapport, Villetar, Treilhard et Audouin.

C'est un principe général que dictent également la raison et la justice qu'il ne faut pas faire juger une affaire quelconque par des juges prévenus dont les opinions soient connues d'avance ; principe d'après lequel dans tout pays où la propriété et la liberté sont garanties par de sages loix, on a proscrit les commissions proprement dites, formées expressément pour juger dans une affaire qui vient de s'élever, et par conséquent formées après coup.

On appelle aussi commission un choix fait dans une assemblée délibérante pour préparer telle ou telle matière à la discussion, pour dresser un rapport, un projet de loi appuyé de motifs.

Quoiqu'une telle commission, ne décidant pas elle-même en dernier ressort, ne puisse être vue avec la même inquiétude et la même défiance par ceux qui sont intéressés au résultat de son travail, il est cependant vrai qu'à raison de la grande influence qu'elle doit naturellement exercer sur une assemblée nombreuse, dans tout gouvernement qui cherchera la vérité et la justice, des commissaires chargés de discuter d'avance une question intéressante, ne seront choisis que d'après la même maxime que nous avons citée p'us haut, qu'il ne faut pas faire juger les affaires ou les hommes par des juges prévenus.

Or cette régle de justice et de sagesse n'a pas été observée dans le choix des membres de la commission chargée d'examiner de nouveau les loix relatives aux pères et mères, ayeuls ou ayeules d'émigrés, et en particulier celle du 9 floréal.

Les opinions de Pons de Verdun sur la question dont il s'agit, sont trop connues par son dernier rapport, ainsi que par les ouvrages où on l'a combattu, pour qu'il soit nécessaire de les rappeller ici.

Plus d'une fois dans le conseil des cinq cents Villetar et Treilhard ont énoncé les mêmes sentimens, et adopté constamment les mesures les plus dures contre les pères et mères d'émigrés, mais personne n'a montré plus de violence envers eux que ce même Audouin, rapporteur de la nouvelle commission, et qui en cette qualité a dû influer plus fortement qu'un autre sur le parti pris par les commissaires, et sur le projet de décret proposé à l'assemblée.

Dans son opinion du 19 nivose, époque qui a précédé immédiatement sa nomination comme commissaire, on l'a entendu établir que la loi du 9 floréal n'étoit pas *une mesure pénale, mais un moyen politique.*

Personne, selon lui, *ne peut douter non-seulement que les biens des émigrés n'appartiennent à la république* (ce qui n'est pas mis ici en question), *mais même que les biens qui doivent leur écheoir ne lui appartiennent aussi.*

Il ne faut pas attendre, ajoute-t-il, *la mort des pères et mères pour entrer en possession de ces biens, parce que l'intérêt de la république exige leur expropriation subite, et ils doivent s'y soumettre s'ils ne veulent pas être traduits encore devant les tribunaux, pour y entendre les accusations dirigées contr'eux, à ce prix, nous les délivrerons de toute inquiétude.*

Je ne m'arrêterai pas à relever ce que cette opinion a de déraisonnable et d'atroce. Cette distinction dérisoire d'une mesure pénale et d'un moyen politique pour justifier un envahissement de la propriété qui réunit les deux caractères à-la-fois ; cette assertion plusque hardie, que personne ne doute que les biens des pères qui doivent écheoir à leurs enfans, n'appartiennent à la république, tandis que c'est pré-

cisément là ce qui est en question. Cette spoliation *subite*, justifiée sans pudeur par l'intérêt du fisc, enfin ces menaces aux pères de
famille de ramener pour eux les tems horribles
des accusations et de la terreur.... Ces idées
révoltantes et ces sentimens inhumains n'ont
besoin que d'être exposés pour être jugés et
sentis comme ils méritent de l'être.

Nous avons trop souvent entendu ces doc-
trines affreuses enseignées au sein même de
l'assemblée législative et dans des écrits corrup-
.... pour en être étonnés ; mais on peut l'être
encore du choix fait par une section du corps
législatif de l'homme qui vient d'énoncer des
opinions si cruelles d'un ton si tranchant, et
de trois autres qui ont professé les mêmes sentimens, pour les charger de discuter de nouveau des principes contre lesquels réclament
une partie de la législature et une classe nombreuse de citoyens.

Quel examen vraiment impartial et nouveau
les pères et mères d'émigrés peuvent-ils attendre
d'hommes qui se sont déclarés constamment
leurs ennemis ; n'ont ils pas tout à craindre
de l'attachement qu'on prend naturellement
à des opinions qu'on a défendues et obstiné-
ment et publiquement ; et ce qui est pis, en

opposition à l'opinion publique. Cet attachement ne devient-il pas une passion, et quelle
justice peut-on attendre d'un juge passioné?

Mais, dira-t-on, on ne peut pas renvoyer
l'examen d'une pareille question à des membres de l'assemblée qui ne s'en seroient pas
occupés auparavant. Il faudra donc nécessai-
rement s'adresser à des hommes qui aient des
opinions arrêtées et connues sur ce sujet. La
partialité qu'on craint se retrouvera si l'on
choisit pour commissaires des partisans déclarés de la cause des pères, et l'on n'évitera pas
l'inconvénient de faire juger la question par
des juges prévenus.

Je ne demande à mes lecteurs qu'un peu
de bonne-foi pour leur faire reconnoître la
foiblesse de cette réponse.

D'abord il y a un milieu sans doute entre
les opinions des ennemis jurés des pères et
mères d'émigrés, tels que Chazal, Pons de
Verdun, Audouin, Treilhard, Villetard, Poul-
tier, etc. et celles de leurs défenseurs déclarés, tels que Boissy, André Dumont, Dumolard, Bornes, Pelet, Thibaudeau, etc.
De sorte que si l'on regardoit ces derniers
comme extrêmes dans leur indulgence pour
les pères et mères, et qu'on ne crut pas de-

voir leur confier la discussion nouvelle à raison de leur partialité vraie ou prétendue, on pourroit trouver, sans doute d'autres membres du corps législatif qui n'auroient pas montré leurs opinions d'une manière aussi tranchante, et ce procédé seroit plus raisonnable et plus juste que celui qu'on a suivi au conseil des cinq cents dans la nomination de la commission.

En second lieu, si l'on croyoit difficile de trouver dans l'assemblée des hommes moins fortement prononcés en faveur de l'un ou l'autre des partis des hommes d'opinions modérées et moyennes, on pouvoit et on devoit plutôt former une commission mi-partie des ennemis déclarés des pères et mères, et de leurs partisans déterminés, comme avant la révocation de l'édit de Nantes, les protestans en France avoient obtenu des chambres composées d'un nombre de juges protestans : on eût été sûr du moins que les mis en cause ne seroient pas condamnés sans avoir été défendus.

Mais au moment où le refus fait par les anciens vient d'arrêter l'exécution de la loi du 9 floréal que le conseil des cinq cents charge de lui faire un nouveau rapport sur la même matière des commissaires connus pour leurs opinions violentes et diamétralement opposées aux principes qui ont amené la résistance des anciens que pour préparer une discussion dans laquelle les deux conseils sont dans une sorte d'opposition ou trie sur le volet : Pons de Verdun, dont le rapport a déjà amené la résolution rejettée ; Audouin, qui a demandé du haut de la tribune l'expropriation subite des pères, qui leur a fait craindre sans cela d'être de nouveau traduits devant les tribunaux, et ne leur promet de les délivrer d'inquiétude qu'à ce prix ; enfin Villetard et Treilhard qui se sont montrés constamment ardens ennemis des pères et mères d'émigrés : un tel procédé, je le dis à regret, ne me semble ni juste ni décent.

Voilà ce que j'avois à dire sur la composition de la commission. Je passe au projet de décret proposé par Audouin.

« Le conseil des cinq cents (lui fait-il dire)
» considérant qu'il importe d'admettre un
» grand nombre de pères et mères d'émigrés à
» l'avantage qu'ils sollicitent d'un arrangement
» définitif avec la république ; avantage dont
» ils sont privés par la suspension de la loi du
» 9 floréal, prend la résolution suivante.

» Ceux sur les biens desquels le séquestre
» a dû être apposé en vertu de la loi du 17

» frimaire an 2, seront admis à demander le
» partage ordonné par la loi du 9 floréal an 3e,
» le séquestre tiendra à l'égard de ceux qui
» n'auroient pas demandé ou ne demande-
» roient pas le partage. Il sera apposé, si fait
» n'a été, et rétabli s'il a été levé, sur les
» biens de ceux qui sont désignés par l'ar-
» ticle premier de la loi du 9 floréal. »

J'attaquerai d'abord le projet en général, et
ensuite ses diverses parties.

Je commencerai par faire connoître à mes
lecteurs une circonstance digne d'être remar-
quée dans la marche des délibérations du
conseil des cinq cents au moment où il a dû
entendre le rapport.

Le journal nous apprend qu'Audouin ayant
demandé la parole, Boissy a proposé de continuer la discussion sur la liberté de la presse,
qui pouvoit, a-t-il dit, être terminée dans la
séance, et que le représentant Rouyier est
parvenu à écarter la proposition de Boissy, par
cette raison que le grand ordre du jour étant
la discussion sur les finances, on ne pouvoit
se dispenser d'entendre le rapport d'Audouin,
comme présentant un moyen de finances.

Ce fait fournit une réflexion affligeante. On
y voit clairement que le rapporteur et la com-

mission dont il est l'organe, ont été principalement et même uniquement occupés dans leur travail des ressources que peut fournir à la république la propriété des pères et mères, ayeuls et ayeules d'émigrés saisie dès à présent par la nation, et arrachée de leur vivant aux seuls et vrais propriétaires.

Cette manière de voir une question de la décision de laquelle dépend le sort de tant de milliers d'individus et de familles est manifestement capable de conduire à toutes les injustices. Il est étrange même qu'on ose l'avouer ; et un tel aveu a un autre caractère que celui de la naïveté.

« Le revenu de la république, disoit Cicéron en un cas tout semblable, s'en augmentera : le décret du sénat sera donc utile ; mais jusques à quand osera-t-on appeler utile ce qui est malhonnête ? » *At aucta vectigalia, utile igitur. Quò usque audebunt dicere quidquàm utile quod non honestum.*

Une seconde observation générale que je ferai, est que le projet présenté par Audouin, n'est rien autre chose au fonds que l'exécution de la loi du 12 floréal ramenée par le conseil des cinq cents, par la révocation de la suspension portée le 11 messidor, et rejettée par le conseil des anciens par le refus qu'il a fait d'adopter cette révocation.

Cette vérité est importante à établir, et pour la mettre tout à fait hors de doute, je citerai d'abord l'aveu et les assertions répétées du rapporteur lui même.

On lit dans son rapport dès le premier alinéa.

Que le conseil des anciens ayant rejetté la résolution qui levoit la suspension de la loi du 9 floréal, *la commission a été chargée de revoir ce projet, qui n'avoit point obtenu l'assentiment nécessaire pour porter le caractère de loi.*

Il ajoute que la commission, en présentant son vœu, n'a pas écouté *les suggestions d'une orgueilleuse ténacité*, expression qui indique clairement la persévérance de la commission dans la même mesure que le conseil des anciens a rejettée.

Enfin, à la page 4, il articule que la question qu'il va traiter *est soumise* au conseil des cinq cents *une seconde fois*.

Une seconde preuve de l'identité du projet d'Audouin avec la loi du 9 floréal résultera de la comparaison de l'un et de l'autre.

La loi du 9 floréal consiste uniquement à

faire passer actuellement dans les mains de la nation la partie de la propriété des pères et mères, ayeuls et ayeules d'émigrés qui peut revenir à leurs enfans émigrés par voie de succession. Tous les autres articles de la loi ne sont que des moyens ou des modes d'exécution de celui-là.

Or cette même disposition de la propriété des pères et mères d'émigrés est ramenée par le premier article du projet d'Audouin combiné avec le second, puisque l'un et l'autre équivalent à l'énoncé suivant : « les pères et mères, » ayeuls et ayeules d'émigrés remettront dès » à présent aux mains de la nation toute la » partie de leurs propriété qui peut revenir à » leurs enfans émigrés par voie de succession, » sinon leurs biens demeureront ou seront en » entier indéfiniment séquestrés. »

Cette identité du projet d'Audouin avec la loi du 9 floréal est encore plus sensible dans les détails du projet, en ce que les mesures qu'on y donne comme devant être mises à exécution, et notamment l'opposition des séquestres, ne pourroient être exécutées que d'après cette loi regardée comme remise dans toute sa vigueur. Ceci a besoin de quelques explications.

Toutes les loix antérieures à celle du 9 floréal, et notamment la loi du 17 frimaire, n'établissent le séquestre que sur les biens des pères et mères, et non sur ceux *des ayeuls, ayeules es autres ascendans* d'émigrés. et sur les biens des pères et mères qui ont des enfans mineurs émigrés, et non sur ceux dont les enfans émigrés sont majeurs, et qui prouve-roient *qu'ils ont agi de tout leur pouvoir pour empêcher leur émigration* ; exception qui a disparue dans la loi du 9 floréal.

Or, dans le projet d'Audouin on établit le séquestre sur les biens *des ayeuls et ayeules*, et autres ascendans, ainsi que sur les biens de tous les pères d'émigrés majeurs, *qu'ils aient prouvé ou non leur opposition à l'émigration de leurs enfans.* Ce n'est donc qu'en vertu de la loi du 9 floréal que cette mesure auroit lieu. Le projet d'Audouin est donc l'exécution de la loi du 9 floréal rejettée par le conseil des anciens.

J'ai dit que cette identité du projet d'Audouin avec le projet d'exécution de la loi du 9 floréal, étoit importante à reconnoître. Elle fournit contre le projet d'Audouin deux moyens puissans. Le premier est un argument moral et de convenance que je n'adresse pas aux ennemis

ennemis obstinés et injustes des pères et mères des émigrés, mais qui pourra frapper les amis de l'ordre et de la décence nécessaires sans doute à conserver dans tout ce qui tient à la confection des loix.

Il est difficile, en effet, de ne pas voir un défaut de convenance dans le projet des commissaires proposant au conseil des cinq cents immédiatement après le refus fait par les anciens, un projet de loi qui vient d'être rejetté par cette section du corps législatif, après une mûre et profonde discussion.

La division du corps législatif en deux chambres fait de l'une et de l'autre deux parties intégrantes du corps législatif tellement nécessaires à son action, à son existence même, que sans la réunion de l'une et de l'autre, sans leur concours à une même mesure, à une même loi, non-seulement la loi n'existe pas, mais le corps législatif tout entier doit être regardé comme ne l'ayant pas voulue, et que si elle a été rejettée par une des sections, l'autre doit la regarder comme rejettée par elle-même, à peu-près comme dans une assemblée unique bien ordonnée ceux qui se sont opposés à une résolution prise par la majorité,

B

sont censés avoir voulu eux-mêmes ce que la majorité a voulu.

Si l'on s'écarte de ce principe, il s'établira une opposition scandaleuse entre les deux parties actives de la législature ; lorsque le conseil des anciens aura rejetté une loi, les partisans du projet dans le conseil des cinq cents se trouveront blessés du refus ; ils chercheront à représenter la même loi sous quelque forme nouvelle ; ils parviendront peut-être à retrouver une occasion plus favorable chez les anciens, à lasser leur résistance, à leur arracher une nouvelle et contraire décision, et un refus fait avec maturité après une discussion profonde, sera remplacé par un consentement surpris.

Or il est évident qu'en se conduisant ainsi on s'écartera de l'esprit de la constitution, qui n'a séparé le corps législatif en deux sections, que pour trouver dans l'action isolée et indépendante de chacune, une garantie meilleure de la sagesse d'une mesure, lorsqu'elle seroit adoptée dans les deux conseils, avantage qui disparoit, si la décision des anciens, une fois rendue, peut sans cesse être mise en question, et si les résultats qu'elle amène après elle ne sont pas regardés alors de bonne foi par les deux conseils , comme l'ouvrage du corps législatif tout entier et respectés comme la volonté de la nation.

Le rapporteur semble avoir voulu écarter de la commission le reproche qu'emporte l'observation que je viens de faire : « notre pre-
» mier sentiment dit-il , après le refus des
» anciens, fut de croire à notre erreur , car
» nous avons adopté l'heureuse et consolante
» habitude d'attendre le bonheur et la gloire
» de la république de l'expérience et de la
» maturité des anciens. »

« Loin de nous , dit-il encore , toute ex-
» pression qui paroîtroit dévouer à la flétris-
» sure une opinion contraire à la nôtre. »

« Nous ne sommes point de ceux qui pensent
» qu'on ne peut, sans crime, être d'un avis
» différent. Nous ne jugeons point une ques-
» tion par le seul parallèle de ses défenseurs
» et de ses adversaires. »

Pour relever d'abord ces derniers traits , n'est-il pas plaisant que le rapporteur prenne la peine de nous avertir qu'il croit bien qu'on peut, sans crime, être d'un avis différent du sien ? Eh bon dieu ! je lui rends cette tolérance, et par de là. Je crois fermement qu'on ne peut être de l'avis d'Audouin sans une grande ignorance ou sans un esprit bien faux; mais je l'absous de bon cœur de tout délit, quoiqu'il n'ait pas plus besoin de mon absolution que moi de la sienne. ▪

Il se montre sans doute bien généreux en s'abstenant de flétrir les opinions contraires aux siennes, car en cela il donne bien plus qu'on ne lui demande. Qui des défenseurs des pères et mères d'émigrés dans les deux conseils, ou même étranger à l'assemblée législative comme moi, peut se mettre en peine de la flétrissure que croiroit pouvoir répandre Audouin sur ses antagonistes? Qui d'entr'eux peut s'inquiéter du parallèle dont on les menace? comment la cause des pères et mères d'émigrés sera-t-el'e, comme on disoit au palais, moins favorable, parce qu'ils ont pour défenseurs Durand-Maillane, Portalis, Boissy-Danglas, Corenfustier, Lanjuinais, Fermont, Creuzé-Latouche, etc. tandis qu'ils ont pour ennemis Villetard, Audouin, Chenier, etc.? Audouin peut donc employer tant qu'il voudra, en faveur de la loi du 9 floréal, le parallèle de ceux qui la défendent avec ceux qui la combattent, et qui ne craignent certainement pas un tel rapprochement.

Je traiterai plus sérieusement la feinte modestie du rapporteur, et les complimens faux qu'il adresse au conseil des anciens.

Je dis sa feinte modestie, car il est évident pour tout homme qui lit son rapport, qu'il n'a jamais cru un moment à ce qu'il auroit dû croire toujours qu'en défendant la loi du 9 floréal, il étoit tombé dans une erreur grossière, et on voit tout aussi clairement que la décision des anciens ni les discours aussi solides qu'éloquens qui l'ont amenée ne l'ont pas détrompé un seul instant des vices de son système et de l'injustice de sa loi.

Quant à la fausseté du compliment qu'il fait au conseil des anciens, elle n'est pas moins sensible par l'exagération même de ses expressions; mais quoiqu'il en pense lui même, il n'est pas vrai qu'il faille attendre le bonheur et la gloire de la république du conseil des anciens.

Non, ce n'est point du conseil des anciens, qui n'a point d'initiative, qui ne peut proposer aucune mesure, et qui n'a que le droit d'approuver ou de rejetter celles qu'on lui propose, qu'on doit *attendre ces grands effets*. C'est au conseil des cinq cents qu'appartient cet heureux privilège. C'est à lui qu'en reviendra l'honneur s'il en use pour la prospérité publi-

que, et le blâme si la nation reste malheureuse. Pour quiconque observe la position res-
pective des deux conseils, et l'impuissance où
se trouvent trop souvent les anciens de rejetter
des résolutions qu'on leur présente comme
indispensables pour le salut du peuple et pour
son salut du moment, il sera évident que tout
le fardeau de la chose publique porte sur le
conseil des cinq cents; que tous les moyens
sont dans ses mains, et que les bons et mauvais succès sont à lui. Le conseil des anciens
ne peut donc, à mon avis, recevoir le feint
éloge qu'on lui adresse, et cette flatterie grossière ne fait point disparoître l'inconvenance
véritable dans laquelle tombe la commission,
en s'efforçant de ramener le corps législatif à
une résolution rejettée dans le conseil des anciens, après une discussion la plus suivie, la
plus approfondie peut être qui ait eu lieu dans
aucune de nos assemblées législatives.

Ce premier argument contre le projet de la
commission pris en masse, est comme on voit,
moral, et fondé sur une sorte de convenance
et de décence qui doit ce semble accompagner
les relations mutuelles des deux sections du
corps législatif. J'en employerai maintenant
un second plus pressant, fondé, comme le

précédent, sur l'identité du projet de la commission avec la loi même du 9 floréal, et en faisant voir que ce projet n'est rien moins qu'une proposition faite au conseil des cinq cents de violer les formes constitutionnelles qui ont déterminé le mode de proposition des loix dans les deux conseils.

J'ouvre la constitution, et j'y lis, article 99; *dans le cas du présent article* (après un refus du conseil des anciens d'adopter une loi à lui proposée par le conseil des cinq cents), *le projet de loi rejetté ne peut plus être présenté par le conseil des cinq cents qu'après une année révolue.*

Sur quoi je raisonne ainsi : la révocation de la suspension de la loi du 9 floréal décrétée par la convention le 11 messidor, étoit une loi résolue par le conseil des cinq cents, proposée aux anciens, et rejettée par eux. Or, selon la constitution, un projet de loi ainsi rejetté ne peut être représenté au conseil des anciens qu'après une année révolue. La commission propose donc au conseil des cinq cents de violer la constitution.

Ce seroit une misérable chicane que de prétendre que la révocation de la suspension d'une loi n'est pas une loi. Elle est loi comme la suspension elle - même, et comme la loi suspendue l'étoit avant sa suspension. Tout acte du corps législatif entier qui règle l'état, la fortune, la liberté des citoyens, est une loi; et on ne niera pas que ces effets ne soient ceux qu'ameneroit le projet de la commission s'il pouvoit être adopté par les deux conseils. Le projet de la commission est donc au fonds une proposition faite au conseil des cinq cents de violer la constitution.

Je passe aux détails du décret, et je m'arrête d'abord au *considérant*, où l'on présente les pères et mères d'émigrés, ou du moins un grand nombre parmi eux, comme ne demandant pas mieux que l'exécution de la loi du 9 floréal, *dont la suspension les a privés*, dit-on, *de l'avantage qu'ils sollicitent d'un arrangement définitif avec la République*; idée qu'on ramène dans le décret par ces mots, *seront admis à demander le partage*; ce qui suppose de leur part un grand empressement à remettre dès à présent à la république toute les parties de leur propriété qui peuvent revenir à leurs enfans émigrés après leur mort.

C'est, depuis que cette question s'agite, la folie des promoteurs de la loi du 9 floréal, de prétendre qu'ils rendent par cette loi un très-bon office aux pères et mères d'émigrés, et que ceux-ci leur en doivent une grande reconnoissance ; mais personne n'a présenté cette idée extravagante avec plus d'obstination qu'Audouin, en plusieurs endroits de son rapport.

A la page 4, le rapporteur montre pour les pères et mères d'émigrés une tendre compassion. « Il est tems, dit-il, d'arracher les parens d'émigrés aux vicissitudes de la législation : ils n'ont point été contens du service que dernièrement on a cru leur rendre. »

« Vous ne refuserez point, dit-il à la page 5, aux parens d'émigrés l'avantage de se délivrer des importunités du séquestre. »

« Il est évident, ajoute-t-il page 10, que par les séquestres les biens des pères et mères se trouvent frappés d'une inaliénabilité aussi funeste pour eux que pour la chose publique. »

Sa sensibilité se déploie d'une manière plus touchante encore à la p. 15. « Voudriez-vous, dit-il, que par un barbare ajournement (de la prise actuelle de possession par la nation des portions revenant aux enfans émigrés), les pères et mères eussent sans cesse sous les yeux cette partie de biens qui leur rappelleroit à chaque instant du jour les forfaits de leurs enfans.

On a réfuté cette prétention à plusieurs reprises dans les ouvrages publiés en faveur des pères et mères d'émigrés, et particulièrement dans une brochure intitulée : *Observations et réponse d'A. Morellet au représentant Chazal.* On seroit trop malheureux d'être obligé de prouver de nouveau et sans cesse ce qui a été prouvé déjà avec la dernière évidence. Ainsi nous renverrons les lecteurs à ce petit écrit.

Nous ajouterons cependant ici quelques observations qni acheveront de mettre en évidence la fausseté de cette allégation de la prétendue douceur de la loi du 9 floréal, et de l'empressement qu'on prête à un grand nombre de pères, de demander le partage qu'elle ordonne.

Sans doute parmi ce grand nombre de pères et mères d'émigrés plus d'un se trouve placé dans des circonstances telles que le partage ordonné par la loi du 9 floréal, peut-être meilleur pour lui qu'une continuité interminable de beaucoup d'autres vexations auxquelles il est en butte comme père d'émigré, telles que les taxes oxtraordinaires de guerre, l'entretien de deux hommes armés, le sequestre de tous ses biens , etc. et tous les autres genres d'oppression si variées et si nombreuses que les hommes appartenant à ces classes malheureuses ont été condamnés à souffrir, telle peut-être par exemple , la situation d'un père de famille ayant quelque fortune et quatre enfans dont un seul émigré. La loi du 9 floréal feroit de son bien cinq parts , dont une lui resteroit comme la sienne , trois autres comme devant revenir après lui à ses enfans non émigrés , et la cinquième passeroit aux mains de la république , en vertu du partage proposé.

Si l'on suppose d'un autre côté ce père de famille , tant que le partage ne sera pas fait forcé de solder et d'habiller deux soldats aux frontières , consigné dans sa municipalité sous la surveillance des autorités populaires , taxé arbitrairement dans tous les cas où il peut être atteint par toutes les vexations qui sont tombées si souvent sur les parens d'émigrés , comme tels , et enfin voyant ses biens sequestrés et se détériorant sous ses yeux , certainement un tel homme n'a rien de mieux à faire que de demander à être admis à cet heureux partage , qui bien que le spoliant de son vivant d'un cinquième de sa propriété lui laisse quelques jouissances et lui promet la paix. Il gagne à ce marché cela est incontestable.

Mais qu'on suppose d'un autre côté un père de famille tel qu'il en est tant, ayant trois, ou quatre enfans tous émigrés, Audouin oseroit-il bien dire que cet homme s'empressera aussi de demander le partage qu'il offrira très-volontiers à la nation les quatre cinquième de sa propriété, heureux de conserver un cinquième de son revenu; et si l'on suppose sa fortune modique peut-on imaginer qu'il en sacrifiera de bon cœur une si grande partie, et regardera comme bienfaisantes pour lui les dispositions de la loi du 9 floréal?

Un exemple de ce genre entre beaucoup d'autres est venu à ma connoissance. Un vieillard tout à l'heure septuagénaire m'écrit.

« Je suis privé de trois filles qui compo-
» soient toute ma famille, que leurs maris
» sourds à mes représentations et à celles de
» ma femme ont arrachées de nos bras pour
» fuir une terre où leur caste étoit proscrite;
» nous serions dépouillés par l'exécution de
» la loi du 9 floréal, des trois quarts d'une
» fortune déjà ruinée par les opérations du
» gouvernement, les secousses de la révolution
» et les dévastations de la guerre si, etc. »

Et la lettre est signée de la femme pour son mari aveugle.

Audouin, et Pons de Verdun, et Chazal et consors prendroient-ils bien sur eux à la face de la France entière de décider qu'un tel homme doit être condamné à traîner dans la misère et sans secours une vieillese infirme et abandonnée, parceque ses gendres menacés de la mort ont arraché ses filles de ses bras.

Et pour combler l'atrocité oseroient-ils prescrire à ce vieillard et à sa femme de solliciter eux-mêmes leur propre spoliation.

Non, je réponds pour Audouin lui-même, qu'il se refuseroit à cette barbarie s'il avoit à l'exercer lui même sur les victimes que je lui désigne, et qu'il n'est aucun de nos législateurs qui ont prononcé et puis rappellé la loi du 9 floréal, qui ne s'y refusât comme lui, et qui pris à foi et à serment, ne convînt que dans l'espèce réelle que je leur présente, « l'exécution de la loi seroit une violation horrible de toute justice, et un oubli de toute humanité.

Mais comment arrive-t-il qu'une loi que l'homme, rappellé au sentiment de la justice par la répugnance qu'il éprouve à la violer par sa propre action, croiroit ne pouvoir appliquer sans crime à tels et tels individus placés dans le cas que la loi détermine, comment, dis-je, arrive-t il qu'une telle loi puisse être portée et maintenue par un corps de législateurs ?

Est-ce que les hommes rassemblés ont une autre morale, une autre justice que celles qui parlent à la raison et au cœur de chacun ? ou bien est-ce que la loi qui leur paroît atroce dans son application à tels et tels individus, peut devenir à leurs yeux plus juste, parce qu'elle en embrasse un plus grand nombre ? ou la multitude des victimes empêchant de fixer ses regards sur aucune, lui feroit-elle perdre de son horreur, comme le meurtre vu dans l'éloignement fait sur nous une plus foible impression ?

Ni l'une ni l'autre de ces explications ne satisfait la raison, et n'appaise le sentiment soulevé contre la justice.

Ce seroit bien vainement que les partisans de ce projet de spoliation diroient que les exemples du genre de ceux que je cite ne sont pas nombreux.

Je leur répondrois d'abord, en leur produisant ceux que j'ai sous les yeux, de vingt pères de famille qui sont dans des cas semblables ou pires ; en les renvoyant à ceux que chacun de nous connoît, à ceux qu'ils connoissent euxmêmes, et à des milliers d'autres qui se feroient connoître s'il en étoit besoin ; et j'ajouterois que ce nombre, fût-il bien moindre, il n'en seroit pas moins injuste de punir par le séquestre, ceux pour qui le partage seroit une ruine entière, et ceux qui, placés dans des circonstances moins désavantageuses, ne voudroient pas le demander.

Je viens au décret proposé, qui consiste à contraindre les pères et mères de délivrer actuellement à la nation toutes les portions de leurs propriétés qui peuvent revenir à leurs enfans émigrés par voie de succession ; à faute de quoi le séquestre restera, sera apposé, ou réapposé sur la totalité de leurs biens.

Ce projet funeste et spoliateur, dans lequel les droits sacrés de la propriété sont méconnus et violés d'une manière ignorée jusqu'à nous des peuples agités par les plus cruelles dissentions, a été combattu par de si nombreuses et de si fortes raisons dans des écrits qui ont mérité quelque approbation, et dans les discussions des deux conseils, qu'on ne peut pas traiter de nouveau la question toute entière. On croit cependant pouvoir donner ici quelques développement de vérités déjà prouvées, et quelques observations nouvelles sur le fonds.

La république ne peut revendiquer la propriété des pères et mères, aïeuls et aïeules d'émigrés, que sous trois prétextes.

Ou comme amende et peine pécuniaire pour un délit dont on les supposeroit complices, ou coupables de ne l'avoir pas empêché.

Ou comme indemnité du dommage causé à la nation par lenrs enfans émigrés.

Ou enfin comme propriété actuelle des enfans émigrés devenue par la loi de confiscation des biens des émigrés la propriété de la nation.

Tout ce qu'ont dit dans cette cause les ennemis des pères et mères d'émigrés, et Audouin dans son discours, se rapporte à quelqu'un de ces trois prétextes; de sorte qu'en combattant encore par quelques réflexions ces prétendues raisons de spolier les ascendans des émigrés de leur propriété, j'aurai occasion de ramener et les déclamations et les raisonnemens du rapporteur, et d'en montrer la futilité.

Je commence par l'imputation de complicité

faite

faite aux pères dans le délit d'émigration de leurs enfans.

Audouin se donne d'abord l'air de renoncer à cet argument, en disant qu'il ne s'agit point de culpabilité, qu'il ne cherche point dans les ascendans d'émigrés une présomption de complicité.... page 6.

Mais, démentant bientôt cette fausse modération, il nous dit «qu'on sait bien que dans l'ordre social, celui qui a la puissance d'empêcher un délit en est souvent réputé instigateur ou complice, qu'on peut avancer avec quelque espérance de succès que les pères et mères devoient prévenir l'émigration de leurs enfans, qu'ils en avoient les moyens.... qu'on peut *démontrer* qu'ils ont donné à leurs enfans tous les secours dont ceux-ci ont eu besoin, que leur émigration ne s'est effectuée que par ces moyens, etc. »

On le voit ensuite usant d'une figure du discours, qui consiste à assurer qu'on ne dit point ce qu'on dit.

« Nous ne demandons point à ces parens si
» une éducation vicieuse n'a pas dénaturé dans
» leurs enfans les notions des rapports par les-
» quels un citoyen tient à sa patrie.... s'ils leur
» ont appris à porter le joug de la subordina-

C

» tion légale.... Nous n'exigeons pas d'être
» instruits de cette longue série de manœu-
» vres coupables, de cet odieux tissu d'intri-
» gues, dont la puissance publique les a sou-
» vent accusés : nous n'examinons pas s'il est
» vrai que par leurs prétentions orgueilleuses
» ils aient insulté à toute pensée d'ordre so-
» cial, joué, trahi, menacé, asservi leurs con-
» citoyens.... réuni tous leurs efforts pour faire
» avorter la révolution, etc. »

La malveillance et l'injustice se montrent là
bien à découvert. On peut dédaigner la première, mais l'injustice doit être relevée en peu
de mots.

C'en est une manifeste d'embrasser dans une
inculpation générale des milliers d'individus
pères et mères de famille, placés dans des circonstances très-diverses, ayant avec leurs enfans des relations très-différentes de liaison,
d'autorité, d'égards, d'attachement, d'habi-
tation, de proximité, etc. d'après lesquelles il
est impossible que tous puissent être regardés
comme coupables de l'émigration de leurs enfans, jusqu'à ce qu'on prouve cette complicité.

C'est une injustice de supposer qu'un vieillard et sa femme, vivant à cent lieues de leurs

enfans mâles et majeurs établis dans le monde,
ou de leurs filles mariées, et par conséquent
en puissance de mari, sont coupables de l'émigration de leurs enfans, par cela seul qu'ils
sont pères et mères d'émigrés, et il en est ainsi
d'un grand nombre de cas réels, et qu'on peut
imaginer aisément où le soupçon même de
cette complicité ne peut avoir aucun appui.

C'est une injustice de supposer gratuitement
et sans preuve la complicité des mères en particulier, et de faire porter sur elles aucune
espèce de responsabilité, la plupart des mères
n'ayant dans nos loix et dans nos mœurs aucune autorité sur leurs enfans mariés séparés
d'elles, ni même sur ceux qui ne le sont pas.

C'est une injustice plus révoltante encore,
s'il est possible de faire porter cette responsabilité, ainsi que l'a fait pour la première fois la loi
du 9 floréal, sur les aïeuls et aïeules pour
l'émigration de leurs petits enfans, sur lesquels des vieillards n'ont communément aucun
pouvoir.

C'est une injustice de punir dans les ascendans d'émigrés, l'émigration de ceux qui
n'ont fui leur patrie que pour se dérober à la
prison et à la mort, qui n'ont pas porté au
dehors des vues hostiles, et qui n'ont ni pris

C 2

ni pu prendre les armes, comme les femmes, les enfans, les magistrats, les prêtres, les religieux, etc.

A des exceptions si nécessaires et à toutes celles dont Tronçon Ducoudray a fait une énumération étendue et rapide, le rapporteur n'oppose rien qui vaille la peine qu'on y replique, ou qui n'ait été cent fois réfuté. Je me dispenserois donc de m'arrêter plus long-tems sur cette imputation de complicité, si je ne croyois pas utile de réfuter dans le rapport deux prétendues réponses à deux argumens qu'on a fait valoir en faveur des pères et mères d'émigrés.

Le premier de ces argumens est que si les pères et mères d'émigrés sont coupables de complicité avec leurs enfans émigrés, il faut les punir des peines portées par les loix, et qui sont non seulement corporelles, mais encore capitales; et s'ils sont innocens, il n'y a pas lieu à leur infliger aucune peine, et que la confiscation d'une partie de leurs biens en seroit une.

On trouve dans le rapport d'Audouin deux réponses à ce raisonnement.

La première est que « la représentation du

peuple français se constituant jury national, et usant de la plénitude de son pouvoir , peut bien par un grand acte politique et dans sa conviction intime, considérer en général comme complices des émigrés leurs pères et mères et autres ascendans ; mais que l'application de la peine capitale pouvant dans plusieurs cas être injuste ou trop rigoureuse, on aime mieux laisser impunis beaucoup de coupables que de frapper un petit nombre d'innocens. »

Il est difficile d'assembler en si peu d'espace autant d'erreur, de déraison et d'injustice.

Qu'est ce que cette fiction par laquelle le rapporteur métamorphose la représentation nationale en jury national , pour déclarer toute une classe de citoyens coupables ou non coupables. Comment oublie-t-on que la distinction du pouvoir législatif et du pouvoir judiciaire est de l'essence de tout gouvernement où l'on veut que la liberté soit respectée?

Que fait la plénitude du pouvoir du peuple, considéré soit dans le peuple lui-même, soit dans la représentation nationale, pour lui donner le droit de *considérer en général* comme coupables les citoyens de telle et telle classe ou description? Un tel pouvoir ne seroit il pas arbitraire, odieux , intolérable.

Que veut dire le droit prétendu de ce chi-
mérique jury de *considérer en général* les ascendans d'émigrés comme coupables. Si leur
délit est prouvé, le jury national pourra non-
seulement les *considérer*, mais les déclarer
coupables; et comme aussi tout délit est indi-
viduel, il ne devra pas se contenter de déclarer
la classe en général coupable, il devra déclarer tel chaque individu, et alors il pourra punir
tous ceux qui le sont, sans frapper aucun in-
nocent.

On ne justifie pas une violation de la justice
en l'appellant *un grand acte politique;* car il
a beau être politique et grand, s'il est injuste,
il n'est qu'un grand crime, et c'est une chose
honteuse qu'un législateur ose le proposer et
le défendre par une si odieuse et si détestable
raison.

La conviction intime du prétendu jury national, toujours supposée destituée de preuves, et de preuves individuelles, ne justifie-
roit pas davantage la condamnation des pères
et mères, ayeuls et ayeules d'émigrés, que la
conscience suffisamment éclairée et la conviction des jurés révolutionnaires, ne peut faire
disparoître à nos yeux les taches du sang dont
ils ont rougi notre malheureuse terre.

Je dirai enfin que l'explication d'Audouin suppose manifestement que la confiscation actuelle de toutes les parts des enfans émigrés qui peuvent leur revenir après la mort de leurs pères et mères n'est pas une peine pour ceux-ci, et on a observé cent fois, et il est évident que c'est-là une peine, et une peine très grave et très cruelle : on ne trouve en aucun endroit du rapport une réplique à cette observation, et l'argument qu'on vient de présenter demeure par conséquent dans toute sa force.

Sa seconde réponse est encore plus étrange. A la sommation qu'on fait aux promoteurs de la loi du 9 floréal, de poursuivre par les peines légales les pères et mères d'émigrés, s'ils sont coupables : « *Ah ! représentans*, dit-il, *quel* » *est donc ce nouveau terrorisme ?* nous ne » voulons pas être instruits de cette longue » série de manœuvres coupables, de cet odieux » tissu d'intrigues dont la voix publique les a » si souvent accusés, nous n'entrons point » dans ce dédale de difficultés étrangères au » sujet que nous traitons, etc. »

Est-il possible d'observer de sang-froid cette fausse et hypocrite modération qui cache si mal-adroitement son poignard en l'enfonçant. Si j'en crois la voix publique et les feuilles révolutionnaires d'Audouin, par lesquelles il a si long-tems exaspéré et corrompu l'esprit du peuple, le terrorisme n'a pas toujours révolté si fort sa sensibilité. Il se trahit lui même par la contradiction dans laquelle il tombe, car si les pères et mères d'émigrés sont convaincus de manœuvres coupables, d'odieuses intrigues, etc. en les punissant par le glaive des loix, on ne ramènera pas le terrorisme, puisque l'empire de la justice n'est pas celui des terroristes.

Mais veut on savoir quel fond il faut faire sur cette horreur d'Audouin pour le terrorisme, il suffira d'observer dans son discours un sentiment qui seul souilleroit la cause qu'il embrasse, et qui laisse voir l'analogie et la liaison des principes des défenseurs de la loi du 9 floréal avec ceux qui ont guidé constamment les tyrans abattus le 9 thermidor.

Les mêmes argumens par lesquels on s'efforce de défendre les pères et mères d'émigrés contre la loi du 9 floréal, « *on les employoit,* « dit Audouin, on égaroit également la sen- » sibilité lorsqu'il fut question de rendre les » biens des condamnés (à leurs enfans) : on » les a rendus ces biens ; qu'on me nomme » ceux qui ont combattu pour la république,

» contre ses ennemis, qu'on me nomme ceux
» qui n'étoient pas dans les rangs des révoltés,
» combien sont ils ?

Ainsi donc Audouin, pressé de laisser en paix les pères et mères innocens de l'émigration de leurs enfans, en punissant ceux qui sont coupables, va se défendant de cet acte de justice comme d'un retour au terrorisme, et au même moment et dans le même écrit il ose regretter qu'on ait rendu leurs biens aux malheureux enfans des pères et mères égorgés par les tribunaux révolutionnaires. Il sied bien à celui qui ne rougit pas d'énoncer un sentiment si horrible, de se récrier au nom de terrorisme ; il lui sied bien de parler de sensibilité, lorsqu'il taxe d'égarement celle qui a conduit la législature et la nation entière à cette indispensable restitution.

Que vient - il nous parler des combats qui ont dû rendre pour la république les fils encore teints du sang de leur père. Et ne voit on pas qu'il doit rester au moins à de malheureux enfans le droit de pleurer en paix sur sa tombe, et que tout ce qu'on peut leur demander est de se résigner à leur cruelle destinée en demeurant soumis aux loix. Enfin, n'est ce pas le comble de l'injustice dans le rapporteur formant une imputation générale aux enfans des condamnés d'avoir été dans les rangs des révoltés, d'exiger qu'on lui nomme ceux qui n'y étoient pas : défi auquel la réponse est aisée, en même-tems qu'elle seroit insuffisante, lorsque c'est manifestement à lui-même, en sa qualité d'accusateur, à découvrir et à nommer ceux qui y etoient.

Le second argument auquel Audouin fait encore une réponse misérable, est celui-ci : qu'en supposant le plus grand nombre des pères et mères complices de l'émigration, encore faudroit-il excepter de cette condamnation en masse ceux qui auroient prouvé ou l'opposition qu'ils ont mise à l'émigration de leurs enfans, ou l'impuissance où ils ont été de s'y opposer.

A cet énoncé si simple et si incontestable, le rapporteur, dont la marche constante est de se proposer ses propres principes en objections, auxquelles il ne fait point de réponses, ou des réponses notoirement insuffisantes, répond que « quelques gens diroient, etc. que d'autres observeroient, ect. qu'il seroit ridicule d'avoir recours à des procès particuliers ; qu'une mesure générale doit être adoptée, qu'elle doit sortir de la conviction pro-

fonde où l'on est que les ascendans d'émigrés
ne sont point étrangers aux forfaits de leurs
fils qui sont allés combattre pour le rétablissement de leurs privilèges ; qu'il seroit impossible d'admettre la preuve testimoniale en faveur des pères, que les membres de la fac-
tion des émigrés s'aideroient réciproquement
de leurs témoignages, en établissant un com-
merce d'impostures et un agiotage de fausses
dépositions, etc. »

Qu'est-ce donc que cet horrible procedé
d'un législlateur qui refuse de distinguer et
de déclarer les coupables pour se conserver
le droit de faire tomber des loix rigoureuses
sur des innocens ? Une mesure générale pour
deux classes de prevenus si différentes n'est-
elle pas inique par cela même qu'elle est générale ? pourquoi se donne-t on le droit d'ap-
peller conviction profonde une opinion qu'on
convient n'être appuyée d'aucune preuve par-
ticulière à chacun des individus que frappe la
loi, preuves qui ne pourroit être fournies que
par autant de procès particuliers ; que veut
dire cette imputation bizarre aux ascendans
d'émigrés de n'être point *étrangers* aux forfaits de leurs fils, tandis qu'il faudroit prouver qu'ils en sont les complices, et que c'est

dans la vérité ce que le rapporteur veut faire entendre ?

Si les ascendans d'émigrés ne sont point étrangers aux forfaits de leurs fils quand ceux-ci sont allés combattre pour le rétablissement de leurs priviléges, ne le sont ils pas lorsqu'ils n'ont que des filles émigrées qui ne combattent point et qui n'ont point de forfaits à expier ? pourquoi la preuve testimoniale en faveur des pères seroit-elle rejettée plutôt pour eux que pour toutes les autres classes de citoyen ; pourquoi suppose-t-on en leur faveur seulement un agiotage de fausses dépositions, etc. ?

Ce petit nombre de questions auxquelles il seroit impossible à Audouin de faire aucune réponse supportable, suffit pour mettre dans son jour la déraison qui règne dans tout le paragraphe que je viens d'examiner.

Le second prétexte allégué pour justifier l'envahissement de la propriété des pères et mères, est le droit qu'a la république à une indemnité pour le dommage que lui causent leurs enfans émigrés.

Le rapporteur ne s'est pas fort étendu sur ce sujet, parce qu'en se laissant aller sans cesse à de violentes déclamations, il se trouve conduit à présenter les parens d'émigrés comme passibles, non plus d'une indemnité seulement, mais de peines graves et capitales. A la vérité, il ne semble pas les demander en son propre et privé nom, mais il met ses invectives dans la bouche de républicains, de patriotes, (c'est à dire de gens qu'il appelle de ce nom) et dont il seroit sans doute fâché de ne pas avouer les sentimens.

Tout ce que je trouve de clair dans le rapport relativement à ce sujet, est ceci « que » lorsque des françois perfides ont quitté leur » patrie le fer et la flamme à la main, forcent » par leur rébellion la république à se défendre » contre eux, et l'entraînent dans des dépenses » incalculables.... il est juste que leurs pa- » rens remplacent tous les frais de la guerre » et payent de leurs richesses le sang et les » pleurs qu'a fait verser l'infâme coalition de » leurs enfans avec l'étranger. »

On a répondu à ce lieu-commun que l'indemnité pour un dommage ne peut être exigée que de celui par qui le dommage a été fait, si celui-ci est maître de ses actions.

On a dit:

Que les trois quarts des émigrés étant de emmes, d'enfans, de religieux et religieuses, de magistrats qui tous n'ont pu porter les armes, et d'un nombre très-grand d'autres qui de fait ne les ont jamais portées, éloignés du théâtre de la guerre, ayant quitté le continent, s'étant réfugié en Espagne, en Italie, au Nord de l'Europe, en Angleterre, en Amérique ; les parens de tous ceux là ne peuvent devoir une indemnité pour leurs enfans qui n'ont causé aucun dommage

On a observé que l'indemnité vraiment due, celle qui étoit à la charge de ceux qui causent le dommage, se trouvoit dans la confiscation au profit de la république, de tous les biens appartenant aux émigrés, et de tous ceux qui viendroient à leur écheoir réellement par la mort de leurs pères et mères, aïeuls et aïeules, et qu'il étoit injuste de la chercher dans les biens propres de ceux-ci. Mais pourquoi m'arrêterois-je plus long-temps sur ce prétexte de l'indemnité si pleinement réfuté par Bornes, par Dumolard, par Pastoret, etc. dans le conseil des cinq cents et par Creuzé-la-Touche, Portalis, Durand-Maillane, Tronçon, etc. dans le conseil des anciens. L'obstination et la mauvaise foi peuvent seules désormais relever des principes cent fois renversés, et ramener des raisonnemens cent fois réfutés.

Je passe donc au troisième prétexte de la propriété prétendue acquise à la république de toutes les portions des biens des pères et mères qui peuvent revenir à leurs enfans émigrés par voie de succession, et qui autorise selon les partisans de la loi du 9 floréal la spoliation actuelle des pères et mères, aïeuls et aïeules d'émigrés, telle qu'elle est prononcée par cette loi.

Audouin appuye ce prétendu droit de propriété de la république sur deux fondemens.

Il commence par invoquer l'article 373 de la constitution, qui prononce que les biens des émigrés sont irrévocablement acquis à la république ; loi, dit-il, « d'après laquelle il » ne peut y avoir attentat à la propriété, ni à » celle des émigrés qui sont dépossédés par » le fait seul de l'émigration, ni à celle des » ascendans, parce qu'il n'est question que » des biens appartenans ou à écheoir à leurs » enfans ; et que tout se réduit à décider que » les parens d'émigrés doivent à la république » ce qu'ils auroient dû à leurs enfans si ceux- » ci n'avoient pas quitté le territoire.

Si ces françois perfides, dit-il aussi, qui ont quitté leur patrie le fer et la flamme à la main (il veut dire, pour y revenir le fer et la flamme à la main, car il n'y auroit pas de crime à s'en aller le fer et la torche à la main) eussent resté dans la maison paternelle, ils auroient obtenu la nourriture, l'entretien, le prix des dépenses que nécessite un état fait ou à faire.... Est ce donc un injustice dans une telle situation de s'attribuer la portion de biens que leurs parens auroient sacrifié à leur entretien, à leur éducation, à leur procurer un état à payer leurs dettes, leurs plaisirs.

Je sais que de tous les sophismes, le plus fréquent est celui par lequel on suppose ce qui est en question; et, lorsque les termes, n'ont pas été bien définis, que la question est bien abstraite où bien compliquée, les esprits les meilleurs et les plus droits ne s'en défendent pas toujours.

Mais il y a tel raisonnement, et celui d'Audouin en est l'exemple, où cette erreur est si sensible et si grosse qu'elle est absolument inexcusable.

Jusqu'au rapport d'Audouin, tous ceux qui ont traité cette question et pour et contre, ont parfaitement bien entendu qu'il s'agissoit de savoir si les biens *à écheoir* aux émigrés par voie de succession et par la mort de leurs ascendans, leur appartenoient aujourd'hui même

même, et du vivant de leurs pères et mères.

Parmi les promoteurs de la loi du 9 floréal, personne jusqu'à lui ne s'est avisé de *supposer* que ces biens *à écheoir* étoient la propriété actuelle des émigrés, tous ont senti que c'étoit là ce qu'ils avoient à prouver, et se sont efforcés de le prouver tant bien que mal, comme d'un autre côté tous les défenseurs des pères et mères ont tâché d'établir que ces biens à écheoir étoient la propriété des pères et mères, tant que ceux-ci demeuroient vivans, et non celle de leurs enfans.

Que dire donc d'un raisonneur qui, de ce que la constitution a réglé que *les biens des enfans émigrés* appartiennent à la république, en conclut que les biens *qui peuvent leur écheoir* lui appartiennent aussi, parce que, selon lui, la propriété des enfans est composée des biens à eux appartenans, et des biens à écheoir à leur profit.

Le même sophisme, consistant à supposer ce qui est en question, se montre non moins clairement dans ce que dit Audouin, qu'il ne s'agit que de savoir si les parens d'émigrés ne doivent pas à la république ce qu'ils doivent à leurs enfans, puisque c'est-là supposer que les parens *doivent* à leurs enfans la partie de leurs biens que la république révendique en leur nom : or c'est supposer ce qui est en question, puisque tous les défenseurs des pères et mères nient qu'aucune partie de la propriété des pères vivans appartienne à leurs enfans.

Il y a en effet une équivoque à démêler dans cette expression, ce que les pères *doivent* à leurs enfans. Pour le but du rapporteur, il faudroit que les pères dûssent à leurs enfans au sens rigoureux qu'emporte le mot *dette* ce que la nation prétend prendre pour elle comme *dû* aux enfans.

Or ce n'est pas en ce sens de dette rigoureuse que les pères *doivent* à leurs enfans, même leur entretien, les frais de leur éducation, et à plus forte raison le remboursement de leurs folles dépenses. Tout cela n'est point la propriété des enfans, comme la dette est la propriété d'un créancier légitime, et l'on voit bien que les droits que peut faire valoir la nation ne peuvent être que ceux qui résulteroient d'une véritable propriété des émigrés sur les biens de leurs pères.

N'est-ce pas d'ailleurs une étrange raison pour dépouiller les pères, que cette considération qu'ils auroient dépensé d'ailleurs ce qu'on leur prend, et enfin ce qu'ils auroient dépensé ainsi pour leurs enfans restés près d'eux n'eut été après tout qu'une partie de leur revenu ; et ici on veut leur ôter le capital même, la propriété : quelle logique et quelle justice !

On voit dans ce qui précède que le sophisme d'Audouin consiste à confondre les biens appartenans actuellement aux émigrés, avec ceux qui peuvent leur écheoir à la mort de leurs ascendans, et à considérer ces derniers comme leur propriété actuelle. Je combattrai ce faux principe par une observation que je crois nouvelle, et qui semble devoir presser fortement les partisans de la loi du 9 floréal, en relevant une contradiction choquante dans laquelle leur système les fait tomber.

Toute loi de confiscation suppose les biens qui en sont frappés appartenans en propriété à celui sur lequel on les confisque. On ne confisque pas sur Titius des biens qui appartiennent à Mœvius ; et quoique par une violation épouvantable de tous les droits nous ayions vu dans le cours de la révolution, et que nous voyions encore tous les jours les créanciers les plus légitimes frustrés de ce qui leur est dû ensuite d'une confiscation qui a frappé leur débiteur, témoins les rentes sur Orléans, il est généralement reconnu que le fisc ne peut s'emparer, dans les cas déterminés par la loi, que de ce qui est la propriété de celui que frappe la confiscation.

Il suit de-là que toute confiscation des biens d'un père qui emporte, comme elle fait parmi nous, tous les biens du condamné sans laisser rien à ses enfans, ne peut avoir lieu que d'après ce principe que tous ses biens, la totalité de sa propriété, lui appartien nt exclusivement, et qu'aucune portion n'en appartient à ses enfans, puisque si quelque portion de la propriété du pere appartenoit aux enfans, celle-là au moins ne pourroit être saisie par le fisc. Si les enfans avoient un droit de propriété véritable à exercer sur les biens de leur père, ce droit seroit antérieur au délit qui peut attirer sur leur père la peine de la confiscation. Ils seroient créanciers de la propriété avant que la confiseation l'ait frappée. La confiscation ne pourroit, par cette raison, atteindre la portion qui leur appartiendroit, si l'on prétend qu'il leur en appartient quelque portion.

Cela posé, n'est-il pas évident qu'une loi telle que celle du 9 floréal qui confisque sur le père les portions qui pouvoient revenir par succession à ses enfans émigrés, est en contradiction avec la loi qui confisque les biens du père émigré lui-même, puisque celle-ci suppose dans le père l'entière propriété de tous ses biens, et que celle-là suppose au contraire que sur les biens du père chaque enfant émigré a la propriété actuelle de la portion qui peut lui revenir par succession. La contradiction est bien sensible, mais je crois encore utile de donner à cette idée quelque développement.

La loi du 9 floréal établit avec un scrupule assez étrange sans doute dans l'exécution d'une grande injustice, établit, dis-je, un partage des biens d'un père d'émigré, en autant de portions égales qu'il a d'enfans ; plus une part pour lui même, après quoi la nation prend pour elle toutes les portions des enfans émigrés, en vertu de leur droit de propriété sur les biens de leur père.

Observons maintenant nos législateurs, confisquant les biens d'un père émigré lui-même, qui a laissé ses enfans à la république. Ils devroient naturellement, comme dans le cas précédent, faire autant de parts des biens du père émigré qu'il a d'enfans ; plus, une pour lui-même : s'appliquer cette dernière portion, qui est celle du coupable, en la versant dans les coffres du fisc, et laisser à chacun des enfans non émigrés sa part de la propriété du père, attendu qu'elle lui appartient, selon la loi du 9 floréal, qui l'adjugeroit à la nation en vertu de ce même droit de propriété, si l'enfant étoit émigré.

Mais ce ne seroit point là le compte des partisans de la loi du 9 floréal. Ils se donnent pour leur commodité deux poids et deux mesures. Après avoir regardé les enfans comme co-propriétaires des biens de leur père pour s'emparer de leur portion lorsqu'ils sont émigrés, et que le père est resté au sein de la république, ils ne reconnoissent plus cette propriété dans les enfans qui restent lorsque le père est émigré ; de sorte que dans le premier cas, ils spolient le père au nom de ses enfans ; et dans le second, les enfans au nom de leur père. Je ne tenterai pas de caractériser par des expressions qui seroient toujours foibles, un tel procédé en matière de législation.

Et qu'on ne dise pas que ces exemples d'une injustice qui se joue de ses propres principes et qui s'en donne de contradictoires entr'eux pour pouvoir invoquer celui qui lui convient dans chaque circonstance, sont rares ou imaginés à plaisir. Qui de mes lecteurs n'a pas été à portée de connoître de malheureux enfans restés parmi nous dans la plus profonde misère, à la suite de l'émigration de leur père et de la confiscation de tous ses biens. J'ai sous les yeux une jeune enfant, dont le père a été forcé de fuir pour se dérober à une mort certaine, qui depuis ce jour funeste ne subsiste que des secours des amis de son père dont on a vendu la terre, la maison, le mobilier, et jusqu'à la couche de sa jeune fille, sans que la nation ait accordé même du pain à son enfance délaissée. Comment une telle inhumanité a-t-elle lieu sous la même législation qui attribue à l'enfant une véritable propriété, même du vivant de son père?

Le second argument attaquant la propriété des pères pour la partie de leurs biens qui peut échoir à leurs enfans émigrés, est celui que tire Audouin des loix antérieures sur les émigrés, qu'il prétend avoir décidé la question présente irrévocablement.

Il croit trouver cette décision dans la loi du 17 frimaire, an 2, qui appelle, dit il, la république à la succession des pères et mères d'émigrés jusqu'à la concurrence des droits héréditaires de ceux-ci, et qui a déclaré les pères et mères incapables d'aliéner leurs biens jusqu'à cette quotité; et dans l'article 373 de la constitution, par lequel les biens des émigrés sont irrévocablement acquis à la république, ce qui ne laisse plus au corps législatif lui-même le droit de renoncer pour la république à la portion afférente aux émigrés sur les biens de leurs ascendans.

1°. La loi du 17 frimaire ne dit point ce qu'Audouin lui fait dire. Elle met les biens des pères et mères d'émigrés sous la main de la nation, et les frappe du séquestre : mais le séquestre n'appelle personne à la succession ; il empêche l'aliénation que pourroit faire le propriétaire, mais il n'attribue pas à la république la propriété même éventuelle qui a été en effet énoncée pour la première fois dans la loi du 9 floréal.

Dans toutes les loix relatives aux émigrés, à leurs biens, aux biens de leurs ascendans, on ne trouve la république appellée qu'à la possession des propriétés des émigrés qui ne leur sont pas contestées, et aux successions qui leur sont échues. On n'y trouve point cette jouissance de la république en avancement d'hoirie de toute la partie des biens qui peuvent revenir à l'émigré par la mort de ses pères et mères, et le simple séquestre ordonné par la loi du 17 frimaire, la première qui ait eu cette action sur les biens des pères et mères, n'entraine pas de telles conséquences.

2°. Le raisonnement d'Audouin exige de lui qu'il prouve que la constitution a déclaré irrévocables les loix antérieures, non pas seulement *sur les émigrés*, mais *sur les pères et mères et autres ascendans d'émigrés*, et non pas seulement sur *les biens des émigrés*, ce qu'on ne conteste pas, mais *sur les biens des pères et mères d'émigrés.*

Or, la constitution n'a rien dit de semblable, ni sur les pères et mères, ni sur leur biens.

La constitution n'a parlé des émigrés qu'en un article du titre XIV, qui a pour titre *dispositions générales.* Cet article 373 déclare « qu'en aucun tems la nation ne souffrira le retour des émigrés non compris dans les exceptions établies antérieurement ; que la création de nouvelles exceptions sur ce point est interdite au corps législatif, et que les biens des émigrés sont irrévocablement acquis au profit de la république, et il n'est question en tout cela ni des pères et mères, ni de leurs biens.

Toutes ces loix peuvent demeurer immuables ; quand même le corps législatif expliqueroit, modifieroit, rapporteroit la plupart de celles qui ont frappé les pères et mères, aïeuls et aïeules d'émigrés, et les biens de ces pères et mères et ascendans peuvent leur être conservés en entier, sans que les biens des émigrés eux-mêmes en soient pour cela moins acquis à la république, comme les biens des pères vivans n'appartiennent pas à leurs enfans dans aucune des législations jusqu'à présent connues.

3°. Si la constitution a défendu de changer rien aux loix faites contre les émigrés (ou même relatives aux parens des émigrés, ce qui est autre chose), toutes les loix antérieures à elle sont également déclarées immuables. La loi du 9 messidor, qui suspend la loi du 9 floréal, le seroit donc aussi. Les émigrés, ou plutôt les parens d'émigrés, seroient donc aujourd'hui même sous l'empire de la loi du 11 messidor, et par conséquent à leur égard la loi du 9 floréal resteroit suspendue. Le projet d'Audouin, qui veut ramener à exécution la loi du 9 floréal, seroit donc lui-même contraire à la constitution.

4°. Enfin, dans les discussions des deux conseils, il n'est venu à la pensée de personne d'avancer que le corps législatif ne pouvoit par la constitution restreindre, modifier, rapporter même la loi du 9 floréal; doctrine, qui, si elle eût pu être admise, auroit arrêté sur-le-champ toute délibération sur cette matière. Dernièrement, la levée de la suspension de la loi du 9 au conseil des cinq cents, n'a été motivée sur cette raison par aucun de ceux qui l'ont provoquée; et le conseil des anciens, en s'opposant à la résolution des cinq cents, n'a pas pensé un seul moment qu'il donnât aucune atteinte à la constitution. Cette idée est toute neuve, et n'est qu'une subtilité qu'on peut à bon droit soupçonner d'être encore de mauvaise foi.

Je viens aux séquestres qui sont le moyen coactif proposé par Audouin pour forcer les pères à demander le partage et à se dépouiller eux - mêmes entre les mains de la république.

Les séquestres, cause et moyen terrible de ruine de la culture, de dégradation des propriété, de misère nationale de famine :

Les séquestres, occasions et sources de dilapidation de pillage, de vol, de corruption de la plupart des exécuteurs de cette horrible mesure.

Les séquestres, qui tiennent depuis plusieurs années dans la misère la plus profonde des

milliers de familles voyant dépérir leur propriété sous leurs yeux !

Les séquestres, par lesquels on frappe de sté-
rilité toutes les propriétés d'une famille pour
en assurer à la nation la réversibilité de quelques portions, tandis que rien ne seroit plus
aisé (quoique ce fut encore une violation des
droits de la propriété) d'assurer les droits de la
nation sur la part revenant aux enfans par
voie de succession, en se bornant à frapper
d'inaliénabilité cette seule portion !

Les séquestres, dont le préambule même
de la loi du 9 floréal, et les rapports de Chazal
et de Pons de Verdun, ont dit qu'il falloit libé-
rer les propriétés si l'on ne vouloit pas les voir
entièrement ruinées, et qui ont fait valoir cette
raison autant que toutes les autres pour moti-
ver leur cruelle loi !

Les séquestres enfin dont Audouin lui-même
dit à la page 10 de son rapport qu'ils sont aussi
funestes pour la chose publique que pour les
pères et mères des émigrés !

Les séquestres enfin redemandés et ramenés
par ces mêmes hommes qui en ont reconnu
les funestes effets, voilà un de ces exemples
effrayans d'erreur à-la-fois et d'injustice, qui
peut suffire seul à faire apprécier un plan de

législation où l'on ose faire entrer un semblable moyen.

Je ne m'arrêterai pas à prouver ici ce que personne ne révoque en doute, ce que personne n'ignore, les effets terribles et funestes des séquestres, depuis qu'on a employé parmi nous cette extravagante mesure ; effets connus et avoués de ceux-là même qui la proposent aujourd'hui. Ne suffit-il pas en effet d'opposer entr'elles ces deux phrases d'Audouin, l'une dans le corps de son rapport : *les séquestres sont funestes à la chose publique ;* l'autre dans son projet de décret, *les séquestres seront maintenus, apposés ou réapposés, etc.* n'est-ce pas se jouer des hommes, que d'oser leur tenir un langage à cet excès contradictoire et insensé . . . .

J'en étois-là de mes observations sur le rapport d'Audouin, lorsque le journal en m'apprenant que le conseil des cinq cents venoit de l'adopter tout entier, m'a fait tomber la plume des mains et quitter un travail déjà dégoûtant, car quel courage ne s'épuise pas à répéter des efforts inutiles, et quelle patience ne se lasse pas à crier aux oreilles de sourds volontaires.

Frange miser calamos, vigilataque prælia dele.

Voilà donc le résultat et le fruit de discussions suivies pendant près d'une année dans plusieurs écrits qui ont obtenu quelqu'approbation des personnes raisonnables, instruites et modérées; et ce qui est plus affligeant encore, voilà tout l'effet des excellens discours prononcés au conseil des cinq cents par des hommes éclairés et éloquens, Boissy-d'Anglas, Dumolard, Pastoret, André Dumont, Bornes, Jourdan, etc. et aux anciens par Creuzé-la-Touche, Durand-Maillane, Lanjuinais, Portalis, Tronçon-Ducoudray, etc. discours inspirés par un sentiment vrai de la justice, et dictés par une raison éclairée !

Triste et cruel exemple, qui, plus fréquent, nous conduiroit à l'idée la plus désolante qu'on puisse présenter aux hommes, l'inutilité de la raison pour les conduire dans le chemin de la vie.

Y a-t-il en effet une pensée plus horrible ! quoi, la vérité sera là, environnée de toute sa lumière, les hommes ne pourront la méconnoître, et ils pourront s'en détourner pour embrasser l'erreur ! Et quand je parle ici de la vérité, je n'entens pas celle qui nous enrichit de connoissances spéculatives, toujours agréables et utiles par leurs conséquences éloignées, mais je parle de celle qui enseigne aux hommes l'art social tout entier, qui lui en découvre les fondemens, et les moyen de les affermir ; enfin de la vérité sans l'aide de laquelle les hommes ne peuvent arriver au bonheur dont ils sont susceptibles, ni même écarter d'eux les maux auxquels ils sont exposés.

On me dira sans doute en donnant ce qui vient de se passer dans une section du corps législatif, comme un exemple douloureux de l'impuissance de la raison, vous supposez ce qui est en question, la vérité de votre propre opinion, et de celle des orateurs que vous citez avec éloge.

Hélas oui je suppose ici ; mais je ne suppose que ce que j'ai surabondamment prouvé ailleurs ; je ne suppose que ce qu'ont démontré victorieusement les hommes éclairés qui se sont fait entendre dans les deux conseils ; je ne suppose que ce que croient eux-mêmes, quoi qu'ils disent au contraire, ceux-là même qui poursuivent avec tant d'acharnement les pères et mères, aïeuls et aïeules d'émigrés.

Je ne puis revenir à répéter des démonstrations mathématiques cent fois données ; à redire que la propriété est le fondement de l'ordre social ; que toute loi qui y donne atteinte est une conjuration contre le genre humain ; que la propriété des pères n'est pas celle de leurs enfans avant que l'ordre de la nature et la succession des générations l'ait remise aux mains de ceux-ci, que chasser de leurs possessions les pères et mères, les aïeuls et aïeules d'enfans ou de petits enfans émigrés, c'est un attentat à la propriété, une violation de la justice, une peine infligée à l'innocence, une insulte à l'humanité, etc.

Sans revenir sur les preuves incontestables et claires qu'on a données de ces vérités, et sur les conséquences évidentes qu'on en a tirées, en faveur de la cause des pères et mères d'émigrés, j'arriverai au but par une voie plus courte, en montrant l'iniquité se caractérisant elle-même par les moyens qu'elle employe, et la déraison attaquant la vérité avec des armes que celle-ci n'employa jamais, la violence et l'artifice.

Sont-ce des amis de la vérité ceux qui ont préparé dans l'ombre et au sein d'un rassemblement scandaleux la forme et la marche de la discussion qui vient de se terminer? Sont-ce des amis de la vérité qui ont recomposé les tribunes des femmes à poignard, des patriotes de 89, et ramené les clameurs indécentes, les insultes et les menaces aux défenseurs de la

cause

cause des pères? Sont-ce des amis de la vérité qui ont remis en jeu la tactique depuis quelque-temps oubliée, de forcer au silence les défenseurs de l'opinion qu'on veut proscrire, et de fermer la discussion immédiatement après les discours de ceux qui la favorisent? Sont-ce des amis de la vérité que ceux qui ont rassemblé de nouveau autour du lieu des délibérations ces groupes hideux et menaçans de sans culottes qui, dans des temps que nous ne devons jamais oublier, ont arraché aux assemblées nationales tant de décrets injustes et homicides, etc.? Sont-ce des amis de la vérité qui ont pu dire, comme Engerrand, qu'on ne pouvoit pas se contenter d'établir une taxe sur les biens des pères et mères d'émigrés, parce que jamais une taxe de ce genre ne vaudroit à la république ce que lui rendroit le fonds dont elle peut s'emparer? Des amis de la vérité auroient-ils renouvellé, comme a fait Tallien, l'imputation vague et calomnieuse par cela seul qu'elle est générale, aux pères et mères d'émigrés, d'avoir favorisé la descente de Quiberon, servi de guides aux ennemis, égorgé les patriotes, composé le 13 vendémiaire les phalanges des assassins de la convention? Sont-ce des amis de la vérité qui, à la sortie

E

de l'assemblée, ont poursuivi d'injures et des noms de chouans, de vendéens, d'anti révolutionnaires, les membres du corps législatif qui venoient d'énoncer leurs opinions avec le courage qui sied à des hommes libres?

L'emploi qu'on vient de faire de ces moyens d'artifice et de violence auprès du conseil des cinq cents peut faire craindre sans doute qu'on n'en use aussi pour pousser le conseil des anciens à une décision contraire à celle qu'il a déjà prise en rejettant la résolution qui levoit la suspension de la loi du 9 floréal.

Mais, seroit-il possible que la crainte arrachât une injustice à des hommes dévoués par état et par devoir à être justes? peuvent-ils adopter aujourd'hui une mesure dont ils ont déclaré n'aguères qu'elle étoit une violation de la propriété? De qui donc pourra-t-on attendre quelque courage pour défendre les droits les plus saints, si ceux qui en sont les dépositaires et les garans pouvoient les laisser fouler aux pieds? Une considération décisive peut et doit les soutenir dans cette lutte en même-temps qu'elle est une arme puissante dans leurs mains ; il peut leur suffire de dire ce que nous nous avons vu prouvé ci-dessus, que la résolution qu'on leur présente aujourd'hui est celle-là même qu'on leur a adressée le 24 nivose, ramenant l'exécution de la loi du 9 floréal, qu'ils ont rejettée, et qui, aux termes de l'art. 99 de la constitution, ne peut par cette raison leur être représentée qu'après une année révolue. Comment une section du corps législatif, armée de cette loi constitutionnelle, se laisseroit-elle subjuguer par des tribunes turbulentes, ou par des groupes séditieux?

Après tout, et si ce nouveau malheur arrivoit, aucun homme instruit des faits et usant de sa raison, ne regardera comme le vœu national une résolution obtenue par de tels moyens. Et tandis que les citoyens éclairés et sages s'y soumettront, elle demeurera tachée à leurs yeux d'un vice que rien ne peut racheter, celui de n'être pas un vœu libre du corps législatif.